Autor:

Dirk Geest, Diplom-Kaufmann (FH) mit Schwerpunkt Tourismus und Marketing, hat unter anderem beim Reiseveranstalter für Sprach- und Bildungsreisen, Kultur Life gGmbH, in Kiel und an der EBC Hochschule Hamburg (Tourism- & Eventmanagement) gearbeitet. Heute ist er im Aus- und Weiterbildungsbereich tätig. „Das Geheimnis der Billigflieger" (2006) war seine Diplomarbeit und erste Buchveröffentlichung im Tourismus. „Urlaub mit Meerblick? – Katalogdeutsch im Klartext!" (2014) und „Die Urlaubsmacher – Karrierewege im Tourismus" (2014) sind weitere Veröffentlichungen von ihm. Letztere hat er mit Dr. Antje Wolf, Professorin für Tourism- & Eventmanagement an der EBC Hochschule Hamburg, gemeinsam herausgegeben. Weitere Informationen unter www.dirkgeest.de

Hinweise: Die Inhalte dieses Buches wurden nach bestem Wissen und Gewissen sorgfältig erarbeitet, geprüft und für dieses Format überarbeitet. Eine Garantie auf Vollständigkeit und Richtigkeit gibt es nicht. Eine Haftung des Autors ist ausgeschlossen. Abkürzung „Aktenzeichen": Az.

Dirk Geest

Die 50 skurrilsten Reisebeschwerden
- und so hat Justitia entschieden!

Dirk Geest

**Die 50 skurrilsten Reisebeschwerden
- und so hat Justitia entschieden!**

Copyright © 2015 Dirk Geest
Foto Titelseite: Angry Man Pulling His Hair © *Aaron Amat - Fotolia.com;*
Strassenschild 21 – Wellness © *Reimer - Pixelvario - Fotolia.com;*
Pool Ruine © *Reimer - Pixelvario - Fotolia.com*
Herstellung und Verlag:
BoD – Books on Demand, Norderstedt
ISBN 9783734749520
Bibliografische Information Der Deutschen Bibliothek
Die Deutsche Bibliothek verzeichnet diese Publikation in der Deutschen
Nationalbibliografie; detaillierte bibliografische Daten sind im Internet über
http://dnb.d-nb.de abrufbar.

Die 50 skurrilsten Reisebeschwerden – und so hat Justitia entschieden!

Inhaltsverzeichnis

Vorwort   8

I. Die 50 skurrilsten Reisebeschwerden und Rechtsurteile aus Deutschland   11

Fall 1: Stehpinkler fordert Schadensersatz   12
Fall 2: 146 Passagiere aus Flugzeug verwiesen   13
Fall 3: Stinkender Koffer vernichtet   14
Fall 4: Stigmatisieren All-Inclusive-Bänder   15
Fall 5: 23 Grad Celsius zu kalt?   16
Fall 6: Müssen schnarchende Flugzeugpassagiere an Bord geduldet werden?   17
Fall 7: Beinfrei im Restaurant?   18
Fall 8: Mindestlänge von Betten   20
Fall 9: Nicht Deutsch genug im Ausland   21
Fall 10: Grüne Haarfärbung im Pool   23
Fall 11: Schmerzhaftes Baggern am Beach   24
Fall 12: Keine Schönwettergarantie   25
Fall 13: Privatjet zulässig?   26
Fall 14: Schadensersatz für Urlaubskleidung?   27
Fall 15: Eis ist nicht gleich Eis   28
Fall 16: Alkoholfahne im Flugzeug zulässig?   29
Fall 17: Überfall im Urlaub: allgemeines Lebensrisiko   30

Fall 18: Flugkapitän nimmt krankes Baby nicht mit	31
Fall 19: Vogelschlag am Flugzeug: Urteil A	32
Fall 20: Vogelschlag am Flugzeug: Urteil B	34
Fall 21: Wertvolle Uhr bei Sicherheitskontrolle am Flughafen verschwunden	35
Fall 22: Ausgleichszahlung bei totem Passagier?	36
Fall 23: Extra-Trinkgeld für schnelle Getränke?	37
Fall 24: Nur mit meinen Freunden!	38
Fall 25: Auch in Australien fahren die Autos (noch) nicht mit Wasser…	40
Fall 26: Flucht vor Wachhund	42
Fall 27: Krank durch Salmonellen?	43
Fall 28: Nüchtern von Bord verwiesen	45
Fall 29: Falsche Information durch Bodenpersonal	47
Fall 30: 2 Betten + 1 Couch = 3 Betten?	49
Fall 31: Anfänger von Reise ausgeschlossen	51
Fall 32: Dreifaches Koffer-Pech	53
Fall 33: Falscher Humor kann teuer werden	54
Fall 34: Unfreiwillig auf Antigua	55
Fall 35: Sechs Stunden am Gepäckschalter	57
Fall 36: Ausgleichszahlung bei Notfall?	58
Fall 37: Müssen streng riechende Flugzeugpassagiere draußen bleiben?	59
Fall 38: Einheimische im Ausland	60
Fall 39: Gilt muslimischer Fastenmonat Ramadan auch für Touristen?	61
Fall 40: Erholung weg durch Notlandung?	62
Fall 41: Defekter Sitz in der „Comfort Class"	63
Fall 42: Verständigungsschwierigkeiten	65
Fall 43: Sind schlechte Manieren ein Reisemangel?	67
Fall 44: Vorsicht: Hungrige Affen in Kenia!	68
Fall 45: Sind Wellenbewegungen bei Kreuzfahrtschiffen normal?	70

Fall 46: Reiseveranstalter haftet für Kamel 72
Fall 47: Schnarcher beeinträchtigt Nachtruhe 73
Fall 48: Kranker Pilot kein Grund 74
Fall 49: Ungeziefer landestypisch? 75
Fall 50: Biene legt Flugzeug lahm 77

II. Die skurrilsten Reisebeschwerden aus dem britischen Königsreich (in Kurzform) 79

Vorwort

Unzufriedene Urlauber lassen sich grundsätzlich in zwei Kategorien einteilen: Entweder haben die Urlauber überzogene und unrealistische Erwartungen und das falsche Produkt gebucht oder die Reiseveranstalter haben in ihren Hochglanzbroschüren bei den Leistungen mehr versprochen als sie dann tatsächlich vor Ort eingelöst haben.

Nach dem Reisevertragsrecht muss jeder Reiseveranstalter dafür sorgen, dass die von ihm veranstaltete Reise „die zugesicherten Eigenschaften hat und nicht mit Fehlern behaftet ist, die den Wert oder die Tauglichkeit zu dem gewöhnlichen oder nach dem Vertrag vorausgesetzten Nutzen aufheben oder mindern." Die Meinungen darüber, wann der Reisenutzen beeinträchtigt ist, gehen weit auseinander. Die Folge: die Klagen häufen sich. Man kann den Reisepreis mindern und/oder sich Schäden und entgangene Urlaubsfreuden ersetzen lassen.

Die 50 skurrilsten Rechtsurteile und Reisebeschwerden von Urlaubern, die vor Gericht verhandelt werden mussten, wurden an dieser Stelle anhand veröffentlichter Urteile zusammengestellt. Manche Urlauberbeschwerden sind derart absonderlich, dass man sich fragt, ob einfach nur ein Sündenbock und Ventil zum persönlichen Frustabbau gesucht wurde. Andere Reisende suchen sogar bewusst nach Mängeln, Defiziten, Schwachstellen mit der Kamera im Hotel, um sich einen Teil der Reisekosten zurückerstatten zu lassen. Volkssport „Geld sparen durch Reisereklamationen!"

Umgekehrt kommt es auch mal vor, dass Reiseveranstalter es bewusst auf eine Klage seitens der Urlauber ankommen lassen, indem sie die Forderungen der unzufriedenen Gäste mit allgemeinen Textbausteinen in ihren Antwortschreiben barsch „abschmettern". Aus Erfahrung wissen sie genau, dass es einen gewissen Prozentanteil an Urlaubern gibt, die mangels Rechtsschutzversicherung aus zeitlichen und finanziellen Gründen und aus Angst vor einem offenen Ausgang vor Gericht Abstand von einer Klage nehmen. Andere Urlauber werden mit einem Gutschein „ruhiggestellt", damit sie auf weitere Ansprüche und eine Klage vor Gericht verzichten.

Dieses Buch soll weder die Reisebranche anprangern, noch alle Menschen über einen Kamm scheren und ins Lächerliche ziehen – im Gegenteil. Die „harmloseren" Fälle sollen zum Schmunzeln animieren, die „dramatischeren" Fälle ggf. zum Nachdenken. Ob sie aus Ihrer Sicht eher zum Lachen oder Weinen sind - manchmal ein schmaler Grad - entscheiden Sie ganz alleine. Ihnen persönlich wünsche ich einen schönen und vor allem „beschwerdefreien" nächsten Urlaub und gute Unterhaltung mit dieser Lektüre!

Dirk Geest

I. Die 50 skurrilsten Reisebeschwerden und Rechtsurteile aus Deutschland

Fall 1

Stehpinkler fordert Schadensersatz

Kategorie „Absurd"! Ein Kläger zog tatsächlich vor ein Gericht und forderte Schadensersatz, weil die Beschaffenheit der Toilette ein Geschäft im Stehen verhinderte. „Ich musste einige Male vor dem heruntersausenden Deckel zurückweichen. Alle meine Versuche, die Klobrille aufzurichten und zu fixieren, sind gescheitert", begründete der Kläger seine Forderung. Klage abgewiesen. Der Anwalt der beklagten Fluggesellschaft sagte nur: „Mir widerstrebt es, mich mit Gewohnheiten beim Wasserlassen auseinanderzusetzen. Die meisten Frauen haben ihre Männer schon so erzogen, dass es bei diesem Geschäft hygienisch zugeht."

§§§ Gerichtsurteil: Klage abgewiesen! **Amtsgericht Hannover, Az.: 509 C 1603/98**

Fall 2

146 Passagiere aus Flugzeug verwiesen

Ein Flugkapitän verwies eine Reisegruppe mit 146 Personen aus dem Flugzeug, weil die sich geweigert hatte, sich beim Start hinzusetzen und anzuschnallen. Die betroffene Gruppe verlangte daraufhin Schadenersatz von der Fluggesellschaft, weil sie sich Ersatztickets beschaffen mussten. Das zuständige Gericht wies die Klage ab. Die Fluggäste hätten durch ihr Verhalten eine vertragsgerechte Beförderung verhindert. Daher sei der Pilot berechtigt gewesen, trotz bezahlter Flugtickets die Beförderung zu verweigern, da er insoweit auch polizeiliche Befugnisse hat.

§§§ Gerichtsurteil: Klage abgewiesen! **Oberlandesgericht Frankfurt, Az.: 13 U 231/09**

Fall 3

Stinkender Koffer vernichtet

Geht ein Koffer unterwegs verloren, ersetzt die Airline den entstandenen Schaden. Normalerweise. Außer der Koffer stinkt so fürchterlich und tropft noch dazu, dass die Mitarbeiter des Flughafen-Fundbüros ihn vernichten. Ein Passagier war von Lamezia Terme in Kalabrien über Rom nach Frankfurt geflogen. Er kam gut an, sein Koffer nicht – dieser blieb in Rom, wo er zum Fundbüro des Airports gebracht wurde. Leider waren im Gepäck neben Bekleidung, Kamera und Handy auch vier Flaschen Wein (zerbrochen), dazu ein Beutel Oliven sowie mehrere Salamis (zerdrückt), was zusammen eine ekelerregende Duftnote ergab. Gerichtsurteil: Der Koffer wurde vernichtet, der Besitzer war empört und forderte Schadenersatz – ohne Erfolg, so das zuständige Gericht.

§§§ Gerichtsurteil: Klage abgewiesen! **Landgericht Frankfurt, Az.: 30 C 1914/12 [32]**

Fall 4

Stigmatisieren All-Inclusive-Bänder?

Stigmatisieren nicht abnehmbare All-Inclusive-Bänder? Einige Gäste sehen diese als eine gewisse „Brandmarkung" und würden am liebsten darauf verzichten. Viele Gerichte teilen diese Auffassung, so auch das hier zuständige. Nach deren Ansicht müsse auch eine alternative, schonendere Kennzeichnung der All-Inclusive-Gäste möglich sein, wie zum Beispiel durch Lichtbildausweise. Die nicht abnehmbaren Bänder machen Touristen auch außerhalb des Hotels leicht identifizierbar, was negative Folgen haben könnte. 5% Reisepreisminderung sprach das Gericht den klagenden Urlaubern zu.

§§§ Gerichtsurteil: Klage stattgegeben! **Landgericht Frankfurt, Az.: 2/24 S 341/98**

Fall 5

23 Grad Celsius zu kalt?

Ein Ehepaar hatte eine 33-tägige Kreuzfahrt in einer Veranda-Suite von Vancouver nach Auckland für knapp 25.670 Euro inklusive Flüge gebucht. Doch leider fühlten sie sich in ihrer Kabine, genauer mit dem Kabinenklima nicht wohl: Ihnen war permanent zu kalt, die Temperatur schwankte immer zwischen 20,5 und 23 Grad Celsius. Außerdem sei ständig kühle Luft in den Raum geweht, die Anlage konnten sie in der Kabine nicht regulieren. Da kann sich doch niemand entspannen, jammerte das Paar und klagte auf Minderung des Reisepreises sowie Schadenersatz wegen einer „unbehaglichen Atmosphäre". Das zuständige Gericht sprach den enttäuschten Schiffspassagieren eine Reisepreisminderung von 1.500 Euro zu, jedoch keinen Schadenersatz für entgangene Urlaubsfreuden.

§§§ Gerichtsurteil: Klage zum Teil stattgegeben!
Oberlandesgericht Koblenz, Az.: 5 U 1501/11

Fall 6

Müssen schnarchende Flugzeugpassagiere an Bord geduldet werden?

Wie verhält es sich bei schnarchenden Sitznachbarn im Flieger? Kann eine Fluggesellschaft die Beförderung von schnarchenden Passagieren verweigern und dies in seinen Allgemeinen Geschäftsbedingungen (AGB) regeln? Kann man gegen Schnarcher klagen, wenn man sich gestört fühlt? Schnarcher sind kein Mangel und kein Grund für eine Minderung des Reisepreises, sondern nur eine Unannehmlichkeit, entschied ein Gericht.

§§§ Gerichtsurteil: Klage abgewiesen! **Amtsgericht Frankfurt, Az.: 31 C 842/01-83**

Fall 7

Beinfrei im Restaurant?

Auch im Ausland gibt es Spielregeln und landestypische Gebräuche. So sind Männer beim Abendessen angehalten, eine lange Hose zu tragen – zumindest in der gehobenen Hotellerie. Das erschien einem Pauschaltouristen auf Kreta als Zumutung, er wollte nur eine Dreiviertelhose tragen. Vom Hotelpersonal wurde er darauf aufmerksam gemacht, eine lange Hose zu tragen, woraufhin er so erbost und beleidigt war, dass er gegen den Reiseveranstalter vor das zuständige Gericht zog und auf teilweise Rückerstattung des Reisepreises klagte. Seine Argumentation: Er habe sich vom Hotelpersonal bloßgestellt gefühlt, außerdem sei im Reisekatalog kein Hinweis auf den Kleiderzwang zu lesen gewesen. Bei Kenntnis der Hosenvorschrift hätte er die Reise nicht gebucht. Das Gericht widersprach mit der Begründung: Die landestypische Verpflichtung, zum Abendessen in einem gehobenen Hotel eine lange Hose zu tragen, stelle keine Beeinträchtigung der Reise dar. Sei jemand nicht bereit, sich bei Auslandsreisen in gewissem Maße landestypischen Gebräuchen zu beugen, müsse er eben zu Hause bleiben.

§§§ Gerichtsurteil: Klage abgewiesen! **Amtsgericht München, Az.: 223 C 5318/10**

Fall 8

Mindestlänge von Betten

Auch in einer „einfachen Unterkunft" in Südfrankreich sollten die Betten eine Mindestlänge vorweisen – und zwar „für ein junges Publikum" wenigstens 1,90 Meter, entschieden die Richter. Nach Erhebungen des Mikrozensus seien männliche Deutsche zwischen 18 und 25 Jahren im Durchschnitt 1,81 Meter groß und damit mindestens 1,90 Meter für ein ausgestrecktes Liegen und einen erholsamen Schlaf nötig. Im konkreten Fall kam noch hinzu, dass der 1,83 Meter große Kläger in einem Etagenbett schlafen sollte, das an allen vier Seiten einen erhöhten Rahmen hatte, so dass es nicht möglich war, „überstehende Gliedmaßen seitlich oder am Fußende überhängen zu lassen". Der Mangel berechtige bei einer „Billigreise" zur Minderung des Preises um 25%.

§§§ Gerichtsurteil: Klage stattgegeben! **Landgericht Hamburg, Az.: 318 S 209/09**

Fall 9

Nicht Deutsch genug im Ausland

„Wenn doch nur alles so wie zu Hause wäre", dachte sich eine deutsche Reisegruppe während ihres Ibiza-Urlaubes. Nicht anfreunden konnten sie sich damit, dass aus Plastikbechern statt aus Gläsern am Pool getrunken wurde. Sie beklagten, dass die Liegen mit nur 0,5 Meter Abstand viel zu eng zueinander gestellt wurden und dass die Animateure alle nur Englisch statt Deutsch sprachen. Die Gruppe zog vor Gericht und „unterlag": Getränke könnten ohne Weiteres aus Plastikbechern zu sich genommen werden, ohne dass damit eine geschmackliche oder sonstige Beeinträchtigung verbunden wäre, so das zuständige Gericht. In den Außenanlagen, zum Beispiel am Pool, dienten die Plastikbecher außerdem der Sicherheit, weil sie beim Herunterfallen nicht zu Scherben zersplittern. Und einen größeren Abstand der Liegen sowie Animation auf Deutsch hatte der Reiseveranstalter nicht zugesichert. Bei einem Hotel mit internationalen Gästen sei es sogar üblich, dass ein überwiegender Teil der Animation auf Englisch angeboten wird. Klage abgewiesen.

§§§ Gerichtsurteil: Klage abgewiesen! **Amtsgericht Duisburg, Az.: 53 C 4617/09**

Fall 10

Grüne Haarfärbung im Pool

Mit blonden Haaren ging eine Mallorca-Urlauberin in den Pool, mit grün gefärbten Haaren kam sie wieder heraus bedingt durch einen zu hohen Chlor-Anteil im Wasser. Sie klagte vor Gericht. Das zuständige Gericht sprach ihr eine Reisepreisminderung von 10% zu, allerdings ohne das geforderte Schmerzensgeld, denn sie trug keine Badekappe und außerdem habe sie die Haare früher bereits in schrillen Farben gefärbt.

§§§ Gerichtsurteil: Klage zum Teil stattgegeben!
Amtsgericht Bad Homburg, Az.: 2C 109/97-10

Fall 11

Schmerzhaftes Baggern am Beach

In diesem Fall verbarg sich der Stein des Anstoßes unter dem Beachvolleyballfeld eines Hotels auf Fuerteventura. Die dort unter einer Schicht von ein bis zwei Zentimetern Sand versteckte Felsplatte verstieß nicht nur gegen die offiziellen Regeln des Internationalen Volleyballverbands (die mindestens 40 Zentimeter Sandschicht verlangen), sondern stellte auch einen Reisemangel dar, entschied das zuständige Gericht. Da das Feld im Prospekt besonders angepriesen wurde, erkannte das Gericht auf 10% Reisepreisminderung und vollen Ersatz der Kosten für die ärztliche Behandlung der Prellungen infolge eines „Hechtbaggers" gegen die nur 40 Quadratzentimeter große Felsplatte.

§§§ Gerichtsurteil: Klage stattgegeben! **Landgericht Hannover, Az.: 14 O 38/09**

Fall 12

Keine Schönwettergarantie

In manchen Regionen dieser Welt sind viele Sonnentage sicher. So eigentlich auch am Roten Meer. Ein Tourist hatte trotzdem Pech mit dem Wetter und forderte vom Reiseveranstalter Geld zurück, weil ihm das Wetter zu kalt und zu verregnet war. Die Richter vom zuständigen Gericht wiesen die Klage ab, für Regenwetter kann man beim Reiseveranstalter keine Ansprüche geltend machen.

§§§ Gerichtsurteil: Klage abgewiesen! **Amtsgericht Stuttgart-Bad Cannstatt, Az.: 10 C 801/96**

Fall 13

Privatjet zulässig?

Wenn sich ein Zubringerflug zum Beginn einer Kreuzfahrt verspätet, dürfen Gäste nicht einfach ohne Absprache einen Privatjet mieten und erwarten, dass der Reiseveranstalter die Kosten dafür übernimmt. Man müsse sich um schon um günstigere Alternativen bemühen, so das zuständige Gericht.

§§§ Gerichtsurteil: Klage abgewiesen! **Landgericht Köln, Az.: 15 O 365/07**

Fall 14

Schadensersatz für Urlaubskleidung?

Wer hätte das gedacht? Ein Reiseveranstalter muss Schadenersatz für Kindersandalen bezahlen, wenn diese extra für den Urlaub gekauft wurden, die Reise aber nicht zustande kam, so das zuständige Gericht. Eine geschädigte Nicht-Urlauberin hatte erfolgreich dagegen geklagt. 50% des Kaufpreises seien anzusetzen, da die Sandalen ja gebraucht weiterverkauft werden können. Kein Geld gibt es für einen Neoprenanzug, da dieser auch im kommenden Jahr noch getragen werden könne.

§§§ Gerichtsurteil: Klage stattgegeben! **Amtsgericht Hannover, Az.: 514 C 17158/07**

Fall 15

Eis ist nicht gleich Eis

Verspricht der Reiseveranstalter die Durchquerung des Polarmeeres mit einer fünftägigen Fahrt „durch Zonen meterdicken Packeises", so ist es ein Mangel der Reise, wenn es auf der vorgesehenen Route einzig an der Schiffsbar Eis gibt. Der Klimawandel gehe in diesem Fall zulasten des Reiseveranstalters, entschied das zuständige Gericht. Dass sich der Reiseveranstalter „Änderungen des Reiseverlaufs auf Grund extremer Witterungs- und Wetterverhältnisse" vorbehalten hatte, half ihm angesichts des milden Klimas auch nicht weiter.

§§§ Gerichtsurteil: Klage stattgegeben! **Oberlandesgericht Hamburg, Az.: 9 U 92/08**

Fall 16

Alkoholfahne im Flugzeug zulässig?

Das Paar war spät dran, als es zum Check-in Schalter kam, und er schrie sie an, weil sie die Pässe nicht finden konnte. Der zuständige Flugkapitän bemerkte diese hektische Szene, roch die Alkoholfahne des Mannes und ließ die beiden am Check-in-Schalter stehen wegen des Verdachts auf übermäßigen Alkoholgenuss. Eine Überreaktion des Flugkapitäns, urteilte das zuständige Gericht, und gab dem klagenden Ehepaar Recht. Das Paar bekam die 1.376 Euro für den Flug vom Reiseveranstalter zurück. Grundsätzlich übt der Kapitän den Richtern zufolge die luftpolizeiliche Hoheitsgewalt aus und hat auch privatrechtliche Weisungsbefugnisse als Vertreter der Fluggesellschaft. Eine Alkoholfahne stehe „für sich genommen einem Flug nicht entgegen", solange der Fluggast nicht in erheblichem Maße angetrunken ist.

§§§ Gerichtsurteil: Klage stattgegeben! **Landgericht Düsseldorf, Az.: 12 S 151/06**

Fall 17

Überfall im Urlaub: allgemeines Lebensrisiko

Man müsse halt damit rechnen, dass man im Urlaub ausgeraubt werden kann. Das ist die pragmatische Übersetzung eines Gerichtsurteils zum folgende Fall: Eine Familie mit zwei kleinen Kindern wurde nach Ankunft in Brasilien und Weiterfahrt vom Flughafen zum Hotel während der Busfahrt von bewaffneten Kriminellen überfallen und ausgeraubt. Die Familie versuchte später, den Wert ihres Gepäcks, einen Teil des Reisepreises und eine Entschädigung vor Gericht zu erstreiten mit der Begründung: Der Reiseveranstalter hätte angesichts der unsicheren Gegend für Polizeischutz sorgen müssen. Das zuständige Gericht wies die Klage ab: „Die Gefahr eines Überfalls in Urlaubsregionen gilt als allgemeines Lebensrisiko." Und vor diesem könne und müsse der Reiseveranstalter seine Gäste nicht schützen.

§§§ Gerichtsurteil: Klage abgewiesen! **Landgericht Frankfurt, Az.: 2-19 O 105/08**

Fall 18

Flugkapitän nimmt krankes Baby nicht mit

Pech hatte eine Familie am Ende ihres dreiwöchigen Türkei-Urlaubs. Nachdem alle drei Kinder im Laufe des Aufenthalts an Windpocken erkrankt waren, hatte nur der zehn Monate alte Sprössling am Rückreisetag noch mit sichtbaren Pusteln zu kämpfen. Der Flugkapitän entschied, den potenziellen Virenträger wegen der Ansteckungsgefahr nicht mit an Bord zu nehmen. Zu Recht, befand das zuständige Gericht. Die Weigerung des Kapitäns sei kein Reisemangel, dieser habe nur pflichtgemäß seine Bordgewalt ausgeübt. Da nütze es auch nichts, dass für das Kind ein „fit for flight report" vorgelegen habe. Auch auf den Mehrkosten des zwangsweise verlängerten Aufenthalts in der Türkei von mehr als 500 Euro blieb die Familie sitzen.

§§§ Gerichtsurteil: Klage abgewiesen! **Amtsgericht Duisburg, Az.: 49 C 3398/09**

Fall 19

Vogelschlag am Flugzeug: Urteil A

Und hier ein gutes Beispiel dafür, wie ein- und derselbe Vorfall von zwei Gerichten unterschiedlich bewertet und entschieden wurde:

Ein Langstreckenflug sollte von Frankfurt nach Cancún (Mexiko) ursprünglich um 14.00 Uhr starten. Tatsächlich startete die Maschine aber mit einer 18-stündigen Verspätung erst um 7.30 Uhr des darauffolgenden Tages. Grund für die Verspätung war ein Schaden an der linken äußeren Landeklappe – verursacht durch Vogelschlag. Die Klägerin forderte von der Airline eine Ausgleichszahlung nach der EU-Verordnung. Diese steht Passagieren bei einem Flugausfall oder massiven Verspätungen zu – sofern diese nicht auf „außergewöhnliche Umstände" zurückzuführen sind. Das zuständige Amtsgericht Frankfurt wertete, dass Vogelschlag kein außergewöhnlicher Umstand sei. Technische Probleme seien nur außergewöhnliche Umstände, wenn sie nicht Teil des normalen Flugbetriebs und von der Airline nicht zu beherrschen sind. Eine Beschädigung durch Vögel komme aber bei Flugzeugen häufig vor, da die Tiere eben naturgemäß im Luftraum unterwegs sind.

§§§ Gerichtsurteil: Klage stattgegeben! **Amtsgericht Frankfurt, Az.: 29 C 811/11 [21]**

Fall 20

Vogelschlag am Flugzeug: Urteil B

In Bezug zum vorherigen Fall 19 gibt es allerdings zum Thema „Vogelschlag" auch ein anderslautendes Urteil: So entschied das Landgericht Frankfurt, dass ein Triebwerksschaden am Flugzeug infolge eines Vogelschlags ein „außergewöhnlicher Umstand" sei und die Fluggesellschaft nicht zahlen braucht.

§§§ Gerichtsurteil: Klage abgewiesen! **Landgericht Frankfurt, Az.: 2-24 S 111/12**

Fall 21

Wertvolle Uhr bei Sicherheitskontrolle am Flughafen verschwunden

Ein Flugpassagier hatte nach eigenen Angaben eine wertvolle Uhr zur Durchleuchtung auf ein Förderband abgelegt – und plötzlich war sie weg. Die Mitarbeiter des Sicherheitsdienstes hätten ihre Verkehrssicherheits- und Organisationspflichten verletzt, so dass die Kontrollstelle dafür hafte. Der Flugpassagier ging mit einer Schadensersatzklage vor Gericht – und verlor. Begründung: Es sei allein Sache des Fluggastes, die abgelegten Gegenstände im Auge zu behalten und die Sicherheitskontrolle am Flughafen müsse nicht dafür haften, weil das Sicherheitspersonal bei der Durchleuchtungskontrolle die abgelegten Gegenstände nicht in Verwahrung nehme. Daher würden keine besonderen Obhutspflichten begründet, so dass für einen Haftungsanspruch die rechtliche Grundlage fehle.

§§§ Gerichtsurteil: Klage abgewiesen! **Oberlandesgericht Frankfurt, Az.: 1 U 260/10**

Fall 22

Ausgleichszahlung bei totem Passagier?

Auf dem Weg ans Rote Meer starb während des Fluges ein anderer Passagier, so dass sich die Ankunft in Kairo verspätete und der wütende Urlauber seinen Anschlussflug an das Rote Meer leider verpasste. Der Pauschalurlauber erhielt als Entschädigung für die Verspätung 80 Euro. Zu wenig meinte er, zog vor Gericht und forderte eine Ausgleichszahlung in Höhe von 400 Euro. Doch der Richter urteilte anders: Bei einem Todesfall an Bord gilt nicht der sonst übliche Entschädigungsanspruch – weder Airline noch Reiseveranstalter könnten für diesen „außergewöhnlichen Umstand" verantwortlich gemacht werden und auch „keine zumutbaren Maßnahmen" gegen die Verzögerung ergreifen.

§§§ Gerichtsurteil: Klage abgewiesen! **Amtsgericht Frankfurt, Az.: 31 C 2177/10 [83]**

Fall 23

Extra-Trinkgeld für schnelle Getränke?

In einem kubanischen Hotel war für zwei Touristen doch nicht alles so All-Inclusive, wie sie es gedacht hatten. Wie im Katalog beschrieben waren zwar auch die Getränke preislich All-Inclusive, aber kubanische Kellner verlangten regelmäßig Extra-Trinkgelder, ansonsten musste mit sehr langen Wartezeiten gerechnet werden. Das zuständige Gericht urteilte, es könne nicht angehen, dass Personal regelmäßig für bereits bezahlte Leistungen Trinkgeld verlange und sprach den beiden Urlaubern eine Minderung des Reisepreises zu.

§§§ Gerichtsurteil: Klage stattgegeben! **Amtsgericht Köln, Az.: 122 C 171/00**

Fall 24

Nur mit meinen Freunden!

Geplant war ein gemeinsamer Urlaub mit Freunden im türkischen Badeort Side. Doch daraus wurde nichts. Vor Beginn der Reise teilte der Reiseveranstalter mit, dass das gebuchte Hotel nun doch nicht zur Verfügung stehe. Erfreulicherweise könne aber ein Ersatz angeboten werden – im 50 Kilometer entfernten Ort Lara. Die Urlauber lehnten enttäuscht ab und erhielten im Gegenzug wunschgemäß den bereits gezahlten Reisepreis zurück. Der Frust wegen der kurzfristigen Absage und des Nichtzustandekommens des Urlaubs unter Freunden war so immens, dass sie vor Gericht zogen und Schadenersatz wegen entgangener Urlaubsfreude forderten. Und bekamen beim zuständigen Gericht Recht. Begründung: Die Kläger hatten völlig Recht, die Alternative zurückzuweisen, schließlich sollte der Urlaub ja mit Freunden verbracht werden und nicht allein in der Ferne. Weil der Reiseveranstalter den Vertrag nicht erfüllt habe, müsse er nun zusätzlich eine Entschädigung in Höhe des Reisepreises zahlen wegen nutzlos aufgewendeter Urlaubszeit.

§§§ Gerichtsurteil: Klage stattgegeben! **Amtsgericht Bad Homburg, Az.: 2 C 64/11 (19)).**

Fall 25

Auch in Australien fahren die Autos (noch) nicht mit Wasser…

Die Freude war groß, als Vater und Sohn bei Übergabe des Wohnmobils, mit dem sie eine Rundreise durch Australien machen wollten, gratis einen mit „Gasoline" beschrifteten roten Kanister bekamen. Der Mitarbeiter des Vermieters sagte, dass „der Kanister voll" sei und er ihn „so mitgebe". Doch die Freude währte nicht lang, denn das Wohnmobil hatte einen Dieselmotor und der Kanister war mit Wasser gefüllt statt mit dem erwarteten Diesel. Folge: Motorschaden. Die Gschädigten klagten und das zuständige Gericht sprach ihnen Ersatz der Abschlepp- und Reparaturkosten in Höhe von 2.774 Euro zu, denn owohl nur zwei leere Kanister mit vermietet werden sollten, verstoße die Übergabe eines mit Wasser befüllten Kraftstoffkanisters gegen Treu und Glauben. Eine „Geschmacksprobe" des vermeintlichen Treibstoffs konnte nicht verlangt werden, weshalb die Reisenden am Motorschaden auch kein Mitverschulden traf.

§§§ Gerichtsurteil: Klage stattgegeben! **Landgericht Frankfurt, Az.: 2/24 S 141/09**

Fall 26

Flucht vor Wachhund

Der Besuch des Schmuckladens war Teil eines Reisepaketes während einer Türkeireise. Doch ein 72-jähriger Urlauber wurde von zwei angeketteten Wachhunden am Eingang angegriffen, floh und verletzte sich dabei. Der Reiseveranstalte versäumte es, seine Gäste auf die „scharfen" Hunde hinzuweisen. Der Urlauber klagte auf Schadenersatz, doch der Reiseveranstalter lehnte mit der Begründung ab: Selbst schuld, der Mann sei zu ängstlich gewesen und vorschnell geflohen. Das wurde jedoch am zuständigen Gericht ganz anders gesehen: Die Reaktion des Urlaubers habe einem „natürlichen Fluchtverhalten" entsprochen, sei also nicht zu beanstanden – ganz im Gegenteil zur Informationspolitik des Reiseveranstalters: Diesem sei die Gefahr bekannt gewesen und er hätte seine Gäste entsprechend vorwarnen müssen.

§§§ Gerichtsurteil: Klage stattgegeben! **Oberlandesgericht Koblenz, Az.: 5 U 1354/10**

Fall 27

Krank durch Salmonellen?

Wenn einem Passagier während der Kreuzfahrt schlecht wird, muss das nicht zwangsläufig am Seegang liegen. Das Bordessen sei schuld gewesen, argumentierte eine Reisende. Sie litt unter Übelkeit, Bauchschmerzen und Fieber. Der Bordarzt diagnostizierte einen fieberhaften Infekt und übersah eine Salmonellenerkrankung. Nach ihrer Rückkehr rekonstruierte die Kranke, dass ihr Leiden nach dem Verzehr von überbackenem Fleisch begonnen hatte – und gab dem Reiseveranstalter die Schuld: Schadenersatz und Schmerzensgeld forderte sie und sollten als Trostpflaster dienen. Beweise hatte sie allerdings keine, ist auch schwierig, denn sie hätte Lebensmittelproben in ein zugelassenes Labor zur Untersuchung schicken müssen. So urteilte das zuständige Gericht: Wer auf einer Kreuzfahrt an Salmonellen erkrankt, kann sich nicht automatisch Schmerzensgeld ausrechnen. Es könnten andere Infektionsquellen in Betracht kommen, und Beweise lagen nicht vor. Sie konnte sich die Salmonellen auch auf drei Landgängen eingefangen haben – und war die einzige an Bord, der es so schlecht ging und bei der die Ursache nicht der hohe Wellengang war.

§§§ Gerichtsurteil: Klage abgewiesen! **Amtsgericht Rostock, Az.: 47 C 402/12**

Fall 28

Nüchtern von Bord verwiesen

Weil ein Passagier sich weigerte, seinen mitgebrachten Alkohol an Bord abzugeben, obwohl er nüchtern war, musste er das Schiff verlassen und klagte dagegen. Der Mann hatte für sich und seine Begleitung eine Kreuzfahrt nach St. Petersburg und Tallinn gebucht. Als das Paar in Oslo an Bord ging, musste der Mann seine Koffer beim Sicherheitscheck öffnen und zwei angebrochene Flaschen Whisky abgeben. Dazu war er nicht bereit und wurde deswegen am folgenden Tag in Kopenhagen zusammen mit seiner Begleiterin an Land gesetzt. Das Paar musste von dort einen Flug zurück nach Zürich buchen und bezahlen. Doch das zuständige Gericht entschied im Sinne der beiden „Vertriebenen": Ein Passagier darf nicht von einem Kreuzfahrtschiff geschickt werden, nur weil er eine Anordnung des Bordpersonals nicht befolgt hat. Die Weigerung oder der Verstoß gegen die Hausordnung müsste schon Auswirkungen auf Schiff, Besatzung oder Passagiere haben, urteilte die Kammer. Im vorliegenden Fall sei jedoch weder vom Kläger noch vom Whisky eine Gefahr ausgegangen. Sein Verhalten habe keine Auswirkungen auf die Abläufe an Bord oder auf andere Passagiere gehabt. Daher müsse der Reisepreis des Paares um 6/7 gemindert werden, der Rückflug komplett erstattet werden und darüber hinaus hätten sie Anspruch auf Schadenersatz wegen entgangener Urlaubsfreude, so das Gericht.

§§§ Gerichtsurteil: Klage stattgegeben! **Amtsgericht Frankfurt, Az.: 385 C 2455/10**

Fall 29

Falsche Information durch Bodenpersonal

Eine Urlauberin hatte für sich und ihren Lebensgefährten eine Kreuzfahrt in der Karibik gebucht. Auf dem Hinflug stellte das Paar am Flughafen fest, dass es einen Koffer zu Hause vergessen hatte. Das Paar fragte eine Mitarbeiterin der Fluggesellschaft, ob sie vor dem Check-in-Schalter sitzen bleiben und ob sie alle zuständigen Mitarbeiter informieren könnte, weil die Tochter versuchen sollte, den vergessenen Koffer noch rechtzeitig zum Flughafen vorbeizubringen. Das gelang der Tochter. Nach dem Einchecken erreichten die beiden Kreuzfahrtpassagiere schließlich das Boarding-Gate, wurden aber nicht mehr ins Flugzeug gelassen. Der Koffer flog allein in die Dominikanische Republik – ohne das Paar, das zwei Tage später nachfliegen musste. Dadurch entstanden Kosten für Hotelübernachtungen, Transfers und Ersatzanschaffungen. Die Klägerin verlangte das Geld vom Reiseveranstalter zurück plus Schadenersatz wegen vertaner Urlaubszeit. Vor Gericht hatte sie damit Erfolg. Wenn sich Reisende auf die Aussage einer Airline-Mitarbeiterin verlassen, dass sie rechtzeitig am Gate ankommen, haftet die Fluggesellschaft, wenn der Flieger bereits gestartet ist.

§§§ Gerichtsurteil: Klage stattgegeben! **Amtsgericht Rostock, Az.: 47 C 303/12**

`Fall 30`

2 Betten + 1 Couch=3 Betten?

Beim geliebten Bett teilen sich ja die Meinungen – auch im Urlaub wird da keine Ausnahme gemacht. Ein Mann tingelte mit Frau und Sohn durch Mexiko und es hätte vermutlich eine vergnügliche Rundreise werden können, wäre da nicht das Betten-Problem gewesen: Denn in mehr als einem Hotel standen für die Nordamerika-Urlauber nicht wie gebucht drei Betten bereit, sondern nur zwei Betten plus zusätzlich eine Couch oder Matratze. Unzumutbar, befand der Mann und zog zurück in Deutschland vor Gericht. Dort wurde seiner Beschwerde stattgegeben, jedoch nur zum Teil: Das zuständige Gericht befand, dass ein fehlendes Bett in der Tat ein Reisemangel ist – jedoch sei es nicht gerechtfertigt, für die betreffenden Tage 100% des Reisepreises zurückzuverlangen. Der Richter bestätigte damit die Einschätzung der vorherigen Instanz. Zur Begründung hieß es, die übrigen Reiseleistungen wie Rundreise und Verpflegung seien schließlich nicht beanstandet worden. Die vom

Amtsgericht angesetzte Quote von 30% für die Minderung des Reisepreises sei deshalb angemessen. Das Gericht wies die Forderung des Klägers zurück, den Reisepreis auch für die beiden anderen Reiseteilnehmer für diese Tage zu mindern. Eine ausreichende Rechtfertigung dafür sei nicht zu erkennen.

§§§ Gerichtsurteil: Klage zum Teil stattgegeben!
Landgericht Frankfurt, Az.: 2-24 S 176/10

Fall 31

Anfänger von Reise ausgeschlossen

Ein Snowboard-Anfänger hatte an einer Pauschalreise nach Davos teilgenommen. Am zweiten Tag wurde er im Freeride-Camp vom Reiseveranstalter ausgeschlossen, weil er die Wintersportart nicht ausreichend beherrsche. Daraufhin klagte er und verlangte die Reisekosten teilweise zurück. Das zuständige Gericht hat sich dabei auf die Seite des Reiseveranstalters gestellt. Der Ausschluss von einem speziellen Snowboard-Camp sei rechtens, wenn die erforderlichen Kenntnisse und Fähigkeiten fehlen würden. Dies hätten Zeugen bestätigt. Er sei zum Beispiel nicht in der Lage gewesen, im Gelände Kurven zu fahren. Eine Teilnahme am Camp sei deshalb aus Sicherheitsgründen nicht möglich gewesen. Es stehe ihm auch keine Minderung des Reisepreises zu, weil kein Reisemangel vorgelegen habe. Der Reiseveranstalter habe auch nicht seine Hinweispflichten verletzt. Grundsätzlich müsse er die Reisenden über die Art der Reise und die damit verbundenen Risiken informieren.

Er müsse aber nicht die Eignung einzelner Teilnehmer überprüfen.

§§§ Gerichtsurteil: Klage abgewiesen! **Amtsgericht Münster, Az.: 5 C 2841/11**

`Fall 32`

Dreifaches Koffer-Pech

Zwei Teilnehmer einer Kreuzfahrt waren über den Verlust ihrer Koffer bei der Anreise zum Schiff so erzürnt, dass sie angeblich die gesamte Fahrt nicht genießen konnten. Zwar wurde das Gepäck eine Woche später in Singapur nachgeliefert – allerdings beschädigt. Da die Reise ohne Koffer nicht erholsam und daher „insgesamt wertlos" gewesen sei, verlangten die Urlauber als Trost die volle Erstattung des Flugpreises. Doch das zuständige Gericht entschied, dass das Montrealer Übereinkommen nur Ersatz für den materiellen Schaden und nicht für entgangene Urlaubsfreude vorsieht, wenn ein Koffer bei der Flugreise verloren geht. Weil die Kläger aber nicht rechtzeitig angemeldet hatten, dass der Koffer kaputt war, gingen sie auch hier leer aus. Verspätet, beschädigt – und dann noch die Reklamationsfrist verpasst! Dreifach-Pech!

§§§ Gerichtsurteil: Klage abgewiesen! **Amtsgericht Hamburg, Az.: 20A C 359/10**

Fall 33

Falscher Humor kann teuer werden

Das Animationsteam eines Hotels in Ägypten sollte am vorletzten Abend des Urlaubs verschiedene Grußarten darstellen und griff für die deutsche ordentlich daneben: Zwei Animateure gingen im Stechschritt aufeinander zu, hoben den linken Arm und riefen „Heil". Der Kläger, der die Reise gebucht hatte, fand das unerträglich, das zuständige Gericht ebenfalls und entschied: „Gerade dadurch, dass die Deutschen dermaßen negativ parodiert werden, kann bei den deutschen Urlaubern der Eindruck entstehen, als Deutscher nicht willkommen zu sein." Der Kläger bekam 20% Preisminderung für die letzten beiden Urlaubstage.

§§§ Gerichtsurteil: Klage stattgegeben! **Amtsgericht München, Az. 281 C 28813/09**

Fall 34

Unfreiwillig auf Antigua

Vulkanausbrüche auf Island machten den Flugverkehr in den vergangenen Jahren zu Hängepartien: Hunderttausende Passagiere saßen weltweit auf Flughäfen fest, weil ihr Flieger angesichts der als gefährlich erachteten Aschekonzentration in der Luft nicht starten oder landen konnte. Ein auf der Karibikinsel Antigua hängengebliebenes Ehepaar sah dies anders und verklagte seine Fluggesellschaft vor dem zuständigen Gericht auf Erstattung der zusätzlichen Kosten und des Verdienstausfalls. Erst neun Tage zu spät hätten sie ihre Heimreise von der weiter südlich gelegenen Insel St. Lucia antreten können, obwohl der Rücktransport mit zwei früheren Flügen möglich gewesen wäre. Grundsätzlich stellte das Gericht fest, dass gestrandete Passagiere keinen Vorrang vor anderen Fluggästen hätten – im Gegenteil: Wer ein regulär gebuchtes Ticket habe, dem könne dies nicht zugunsten von anderen entzogen werden. Allerdings habe die Fluggesellschaft nicht konkret dargelegt, dass auf den beiden Flügen keine Plätze mehr für das Ehepaar frei waren. Deshalb stehe den Urlaubern Schadenersatz zu.

§§§ Gerichtsurteil: Klage stattgegeben! **Landgericht Frankfurt, Az.: 2-24 O 99/11**

Fall 35

Sechs Stunden am Gepäckschalter

Die Warteschlange am Gepäckschalter muss extrem lang gewesen sein. Wie sonst ist es zu erklären, dass ein Passagier sechs Stunden lang gewartet haben will, um seinen Koffer aufzugeben? Er sei schon um acht Uhr morgens am Flughafen erschienen, versicherte der Kläger. Sein Flugzeug hob auch planmäßig um 11.15 Uhr ab – allerdings ohne den Passagier: Er sei noch bis 14 Uhr in der Warteschlange gestanden und habe dann erst sein Gepäck aufgeben können. Da sich das Warten nicht gelohnt hatte, klagte der Fluggast auf Ausgleichszahlung. Er scheiterte damit in allen Instanzen bis zum Bundesgerichtshof in Karlsruhe: Wenn der Passagier bei einem planmäßigen Start nicht rechtzeitig am Flugsteig erscheint, hat er leider Pech, so die Richter in ihrem wenig überraschenden Urteil.

§§§ Gerichtsurteil: Klage abgewiesen! **(Bundesgerichtshof Karlsruhe, Az.: XZR 83/12**

Fall 36

Ausgleichszahlung bei Notfall?

Eigentlich sollte der Flug um 10.10 Uhr starten, doch es erst fünf Stunden nach der angegebenen Zeit, hob das Flugzeug ab. So lange hatte eine Passagierin nicht warten wollen, jedenfalls nicht ohne finanzielle Entschädigung. Die Klägerin hatte von der Airline eine Ausgleichszahlung in Höhe von 400,- Euro gefordert, weil diese nicht die notwendigen Vorkehrungen für einen zügigen Weiterflug getroffen habe. Doch während des vorhergehenden Fluges war es zu einem medizinischen Notfall an Bord gekommen, der Pilot hatte umkehren müssen, damit der Patient schnellstmöglichst versorgt werden konnte. Ein medizinischer Notfall sei ein außergewöhnlicher Umstand und nicht von der Airline zu verantworten, so das zuständige Gericht.

§§§ Gerichtsurteil: Klage abgewiesen! **Amtsgericht Berlin-Wedding, Az.: 2 C 115/10**

Fall 37

Müssen streng riechende Flugzeugpassagiere draußen bleiben?

Wegen strengen Körpergeruchs musste ein Passagier am Flughafen Honolulu vor seinem Rückflug nach Düsseldorf wieder den Flieger verlassen. Der Bitte der Flugbegleiter, das verschwitzte Hemd zu wechseln, konnte er nicht nachkommen: Sein Gepäck befand sich schon im Frachtraum. Der Passagier argumentierte, er sei bei den hohen Temperaturen wie alle anderen Passagiere auch durch den Flughafen gerannt. Da jedoch die Airline die Beförderung von Reisenden mit extremem Körpergeruch in ihren Allgemeinen Geschäftsbedingungen (AGB) ausgeschlossen hatte, musste er draußen bleiben. Dagegen klagte der Mann. Das zuständige Gericht sprach ihm lediglich die Kosten für eine zusätzliche Hotelübernachtung in Höhe von 260 Euro zu. Schadenersatz bekam er nicht.

§§§ Gerichtsurteil: Klage zum Teil stattgegeben!
OLG Düsseldorf, Az.: I-18 U 110/06

Fall 38

Einheimische im Ausland

Ein besonders skurriler Fall. Ein Ehepaar kam enttäuscht von ihrer Mauritius-Reise wieder und klagt gegen den Reiseveranstalter. Begründung: Ein Aufenthalt am Strand sei kaum möglich gewesen, weil „die einheimische Bevölkerung einen derartigen Lärm gemacht" hätte, dass der Kläger „schlichtweg sprachlos" gewesen sei. Das war nach eigener Aussage auch der Richter – und zwar darüber, „dass sich ein Reisender allen Ernstes darüber beschwert, er habe den Strand am Urlaubsort mit Einheimischen teilen müssen." Die Klage wurde natürlich abgewiesen.

§§§ Gerichtsurteil: Klage abgewiesen! **Amtsgericht Aschaffenburg, Az.: 13 C 3517/95**

Fall 39

Gilt muslimischer Fastenmonat Ramadan auch für Touristen?

Eine 13-tägige Pauschalreise in den Oman sollte es sein. Dem Kläger war zwar bekannt, dass die Reise in den muslimischen Fastenmonat Ramadan fallen würde. Überrascht war er indes, als man das Fasten (nicht Essen, Trinken, Rauchen zwischen Sonnenaufgang und -untergang in der Öffentlichkeit) von ihm als Nichtmuslim verlangte. Das zuständige Gericht zeigte Verständnis für den Kläger: „Es ist indes nicht als Allgemeingut anzusehen, dass auch Nichtmuslime und Touristen diesen Fasten-Restriktionen tagsüber unterworfen sind." Weil das Reisebüro darüber nicht explizit aufgeklärt hatte, war der Reisepreis um 10% zu mindern.

§§§ Gerichtsurteil: Klage stattgegeben! **Landgericht Dortmund, Az.: 17 S 45/07**

Fall 40

Erholung weg durch Notlandung?

Ein in Antalya gestartetes Flugzeug musste in Istanbul notlanden, die Reisenden befanden sich in Todesangst. Fast keiner der Passagiere traute sich, wieder in das Flugzeug zu steigen, die Erholung war futsch. Einer der Urlauber wollte deshalb vom Reiseveranstalter den kompletten Reisepreis von 1.100 Euro seines Türkei-Aufenthalts zurück. Das zuständige Gericht entschied anders: Der vom Reiseveranstalter ausgestellte Gutschein von 280 Euro sei ausreichend. Berufung. Der Bundesgerichtshof (BGH) hob das Urteil mit folgender Begründung auf: „Bei besonderer Schwere kann ein Ereignis, das zu einem Mangel führt, allerdings eine Preisminderung rechtfertigen, die weitaus höher sein kann." Jetzt muss der Fall in Duisburg neu entschieden werden.

§§§ Gerichtsurteil: Klage zunächst abgewiesen, der BGH hob das Urteil auf und der Fall muss nun noch einmal neu verhandelt werden! **(Landgericht Duisburg, Az.: X ZR 93/07).**

Fall 41

Defekter Sitz in der „Comfort Class"

Langstreckenflüge können sehr unangenehm und anstrengend werden, wenn Passagiere kaum die Beine ausstrecken und die Rückenlehne nur zentimeterweit verstellen können. Eine deutsche Urlauberin wollte so nicht reisen und zahlte für einen Sitz in der „Comfort Class" aus eigener Tasche drauf. Doch als sie Platz nahm, stellte sich ihr Flugzeugsessel als wenig komfortabel heraus: Er ließ sich nicht wie versprochen in eine angenehme Ruheposition bringen. Die Passagierin beschwerte sich bei der Flugbegleiterin, und diese versprach, den Defekt zu melden. Doch als die Urlauberin beim Rückflug zwei Wochen später wieder auf demselben Platz landete, war er unverändert defekt. Da reichte es der Frau, sie wollte einen Teil ihres Pauschalreisepreises zurück und hatte beim zuständigen Gericht Erfolg. Die Begründung: Wer Komfort bucht, sollte auch bequem reisen können. Weil der Mangel auch noch auf Hin- und Rückflug auftrat, wurde die Klägerin mit einem Tag vom

Gesamtreisepreis entschädigt, in ihrem Fall 356 Euro.

§§§ Gerichtsurteil: Klage stattgegeben! **Landgericht Frankfurt, Az.: 2-24 O 31/12**

Fall 42

Verständigungsschwierigkeiten

Kommt eine Sächsin ins Reisebüro und wünscht: „Ich will nach Bordo." Fragt die Reiseverkäuferin sicherheitshalber nach, weil sie sich aufgrund des ausgeprägten Akzents nicht ganz sicher war, ob sie das Reiseziel tatsächlich richtig verstanden hatte: „Liegt das nicht in Frankreich?" Die Kundin wollte aber nicht nach Frankreich, sondern nach Portugal, genauer gesagt nach Porto, wie sich leider erst nach der Buchung herausstellte. Die 294 Euro für den Flug ins französische Bordeaux wollte die Urlauberin nicht zahlen, weil sie fest der Überzeugung war, ihr Wunschziel klar und deutlich genannt zu haben. Das Reisebüro wollte nicht auf den Kosten sitzen bleiben und zog vor Gericht in der vollen Überzeugung, bei der Kundenberatung und Buchung alles richtig gemacht zu haben. Das zuständige Gericht urteilte: Vor der verbindlichen Buchung habe die Mitarbeiterin die Flugroute erklärt, zweimal in korrekter hochdeutscher Sprache. Also sei der Vertrag wirksam. Das sah auch der Richter so: Der Kunde sei dafür verantwortlich, dass er im Reisebüro richtig verstanden werde.

§§§ Gerichtsurteil: Hier hat ausnahmsweise einmal nicht der Urlauber, sondern das Reisebüro geklagt. Klage stattgegeben! **Amtsgericht Stuttgart-Bad Cannstatt, Az.: 12 C 3263/11**

Fall 43

Sind schlechte Manieren ein Reisemangel?

Ein Familienvater machte Urlaub in Tunesien in einem Fünf-Sterne-Haus, in dem zu seinem Entsetzen „Gäste mit einfach strukturiertem Niveau" aus dem benachbarten überbuchten Drei-Sterne-Haus untergebracht wurden. Diese hätten sich total danebenbenommen, seien zum Abendessen in Badekleidung erschienen, hätten gerülpst und unangenehmen Körpergeruch versprüht. Daher forderte der Gast eine Preisminderung von 35%. Das zuständige Gericht wies ab und wertete die beschriebenen Phänomene „nicht als erhebliche Beeinträchtigung der Urlaubsfreuden."

§§§ Gerichtsurteil: Klage abgewiesen! **Amtsgericht Hamburg, Az.: 9 C 2334/94**

Fall 44

Vorschicht: Hungrige Affen in Kenia!

Einige meinen, sich über die Gesetzmäßigkeiten vor Ort hinwegsetzen zu können und die gültigen Spielregeln für allen anderen, aber natürlich nicht für sie selbst gelten. So musste dann auch ein Kenia-Urlauber schmerzhafte Erfahrungen machen. Bei seiner Ankunft in Mombasa wurde ihm gesagt, dass die auf dem Hotelgelände und in der näheren Umgebung anzutreffenden wilden Affen nicht zu füttern und Fenster und Türen geschlossen zu halten seien. Ein entsprechendes Schild stand am Pool mit dem Hinweis: „Don`t feed the monkeys. If you do, you`ll see." Vor dem Speisesaal verbot ein weiteres Schild, Speisen aus dem Saal mit nach draußen zu nehmen. Als der Reisende dennoch mit einer Banane in der Hand aus dem Speisesaal ging, überfiel ihn ein Affe und biss ihn in den Finger. Das zuständige Gericht lehnte die Klage des ignoranten Urlaubers ab mit der Begründung: Es gehöre „auch zum Kenntnisstand eines Mitteleuropäers, dass bei solchen Schildern damit zu rechnen ist, dass Affen sich auf Suche nach Nahrung nähern und bei Erspähen einer Banane auch versuchen, diese zu erobern."

§§§ Gerichtsurteil: Klage abgewiesen! **Amtsgericht Köln, Az.: 138 C 379/10**

Fall 45

Sind Wellenbewegungen bei Kreuzfahrtschiffen normal?

Auch ein Kreuzfahrtschiff kann trotz Stabilisatoren bei Seegang schwanken. Doch das ist offensichtlich wohl nicht allen klar. So auch einer Kreuzfahrtpassagierin nicht, die auf dem Weg von der Toilette in ihre Kabine, als sie den Halt verlor und über eine Stufe stürzte. Der Schiffsarzt diagnostizierte Prellungen, ihr Hausarzt später einen doppelten Beckenbruch. Da zog die Geschädigte gegen die Reederei, bei der sie gebucht hatte, vor Gericht und forderte Schmerzensgeld: Nicht einmal Haltegriffe habe es in der Kabine gegeben. Dazu sei die Reederei auch nicht verpflichtet, entschied das zuständige Gericht. Der Klägerin stehe weder Schadenersatz noch das geforderte Schmerzensgeld zu. Auch gehöre es nicht zu den Pflichten der Reederei, die Kabine so zu konstruieren, dass zwischen ihr und der Nasszelle keine Stufe vorhanden sei. Jedem Passagier müsse klar sein, dass das Schiff schwanken könne. Die Klägerin habe außerdem von der Stufe in ihrer Kabine wissen müssen.

§§§ Gerichtsurteil: Klage abgewiesen! **Amtsgericht Rostock (Az.: 47 C 406/11**

Fall 46

Reiseveranstalter haftet für Kamel

Ein Kamel tanzt aus der Reihe. Ein Urlauber wollte im Rahmen seiner gebuchten Pauschalreise in den Nahen Osten planmäßig am vorgesehenen Kamelritt teilnehmen. Doch das Tier spielte dabei nicht ganz wunschgemäß mit: Es stand bereits auf, als der Tourist noch beim Aufsteigen war. Dieser stürzte zu Boden und verletzte sich. Nicht der Kamelbesitzer wurde für den Sturz zur Rechenschaft gezogen, sondern der Reiseveranstalter, weil der Ausritt Teil der Pauschalreise war und er für ein gefahrloses Aufsitzen hätte sorgen müssen. Der Reiseveranstalter haftet somit für den Sturz, er hätte sich ausreichend um einen erfahrenen Kameltreiber bemühen müssen, urteilte das zuständige Gericht.

§§§ Gerichtsurteil: Klage stattgegeben! **Oberlandesgericht Koblenz, Az.: 12 U 1296/12**

Fall 47

Schnarcher beeinträchtigt Nachruhe

Das Zimmer mit einem Mitreisenden auf einer 16-tägigen Amazonasrundreise an vier Tagen zu teilen, war für einen Teilnehmer kein Problem. Doch das ausgerechnet sein Mitbewohner schnarchte, umso mehr. Der Gruppenreisende fühlte sich in seiner Nachtruhe so gestört, dass er klagte. Das zuständige Gericht sprach ihm für die Dauer der nächtlichen Lärmbelästigung eine Preisminderung von 25% zu, denn eigentlich hatte er ein Einzelzimmer gebucht.

§§§ Gerichtsurteil: Klage stattgegeben! **Amtsgericht Königstein, Az.: 22 C 139/95**

Fall 48

Kranker Pilot kein Grund

Der Rückflug eines Passagiers von Sansibar nach Frankfurt am Main verzögerte sich um 24 Stunden, weil der Pilot einen Kreislaufkollaps erlitten hatte. Daraufhin forderte der Reisende von der Fluggesellschaft eine Ausgleichszahlung – ohne Erfolg. Die Airline argumentierte: Die Erkrankung von Crewmitgliedern im Ausland könne nicht durch vorbeugende Maßnahmen verhindert werden und seien als „außergewöhnlicher Umstand" zu betrachten, wofür die Fluggesellschaft nicht zahlen müsse. Dies sahen die Richter am zuständigen Gericht ganz anders: Die Fluggesellschaft sei nicht nur verpflichtet, eine einsatzbereite Maschine zur Verfügung zu stellen, sondern auch einsatzfähiges Personal. Der Kläger bekam eine Ausgleichszahlung von 600 Euro zugesprochen.

§§§ Gerichtsurteil: Klage stattgegeben! **Landgericht Darmstadt, Az.: 7 S 250/11**

Fall 49

Ungeziefer landestypisch?

Offensichtlich hätte eine Safari-Reisende doch besser eine andere Reise gebucht. Eine Naturerlebnisreise war jedenfalls nicht das Richtige für sie. Es war ihr ein bisschen zu viel Natur und zu wenig Komfort. Jedenfalls hatte sie andere Vorstellungen und Erwartungen von der Wildnis Südafrikas. Sie störte sich an Insekten im Zelt, nasser Kleidung während der Monsunzeit und den Geräuschen eines Stromgenerators. Das zuständige Gericht konnte ihre Ansicht nicht teilen und lehnte ihre Klage ab: „Dass auf einer Safari-Reise, bei der in Zeltunterkünften übernachtet wird, Ungeziefer in die Zelte eindringen kann, ist grundsätzlich als landestypisch hinzunehmen." Außerdem werde ein Safari-Reisender „vernünftiger Weise" von sich aus dafür sorgen, dass er bei Monsunregen Wechselkleidung mit dabei hat. Schließlich könne auf einer Safari nicht erwartet werden, dass es stets eine öffentliche Stromversorgung gebe, weshalb Geräuschbelästigungen von Generatoren „als reise- und landestypisch hinzunehmen" seien.

§§§ Gerichtsurteil: Klage abgewiesen! **Landgericht Berlin, Az.: 15 S 33/09**

Fall 50

Biene legt Flugzeug lahm

Wer hätte das gedacht? Biene schlägt Flugzeug! Ausgerechnet eine Biene war schuld, dass ein Flugzeug auf dem Weg von Antalya nach Düsseldorf viel zu spät dran war. Wer rechnet schon damit, dass das emsige aber doch so kleine Tier einen technischen Defekt verursachen kann, der noch beim nachfolgenden Flug für erhebliche Verzögerungen sorgt? Die Biene war statt in eine Blüte in das sogenannte Pitot-Rohr geflogen, mit dem Geschwindigkeit und auch Flughöhe gemessen werden. Weil die Biene nicht wieder herauskam, musste die Airline ein Ersatzflugzeug organisieren. Bei einem derart „außergewöhnlichen Umstand" müsse die Fluggesellschaft nicht für die Verspätung aufkommen, so die Airline. Ein Fluggast sah dies anders und klagte. Das zuständige Gericht war auf seiner Seite: Grundsätzlich sei eine Biene im Pitot-Rohr zwar durchaus außergewöhnlich, heißt es im Urteil. Doch davon war der vorherige Flug betroffen. Nun hätte die Airline umfassend darlegen müssen, was sie unternommen hatte, um den Folgeflug pünktlich starten zu lassen. Das habe sie jedoch nicht getan. Aus diesem Grund stehe den Passagieren dieses Fluges nun doch eine Ausgleichszahlung zu.

§§§ Gerichtsurteil: Klage stattgegeben! **(Amtsgericht Düsseldorf, Az.: 36 C 6837/13**

II. Die skurrilsten Reisebeschwerden aus dem britischen Königsreich

Die englische Zeitung „Daily Telegraph" hat die verrücktesten Urlaubsbeschwerden in Kurzform aus dem britischen Königreich zusammengestellt.

Siesta abschaffen

„Die Siesta sollte abgeschafft werden. Oft muss ich genau in dieser Zeit etwas kaufen und die Läden haben zu."

Keine richtigen Kekse

„Im Katalog hätte erläutert werden müssen, dass die Einkaufsmöglichkeit vor Ort kein anständiges Teegebäck mit Eiercreme oder Ingwerplätzchen bietet."

Urlaub in Spanien

„Da waren zu viele spanische Menschen. Der Rezeptionist sprach Spanisch, das Essen war spanisch. Da waren zu viele Ausländer."

Gigantische Ausmaße in Afrika

Ein Tourist in Afrika beschwerte sich, weil er einen Elefantenpenis zu Gesicht bekommen hatte. Diese Begegnung hatte ihn dermaßen beeindruckt, dass seine Flitterwochen ruiniert waren.

Schwanger im Doppelbett

„Mein Verlobter und ich buchten ein Zwei-Bett-Zimmer, bekamen aber ein Zimmer mit einem Doppelbett. Jetzt bin ich schwanger. Das wäre nicht passiert, wenn wir das gebuchte Zimmer auch bekommen hätten."

Moskito-Attacke

„Ich wurde von einem Moskito gebissen – niemand hat mir gesagt, dass sie das tun."

Kein Friseur im Haus

„Im Katalog stand, dass es keine Friseure im Haus gibt. Wir sind allerdings Friseur-Lehrlinge. Dürfen wir dort übernachten?"

Curry in Indien?

„Ich war in Goa, Indien. Dort war alles mit Curry gewürzt, das war schrecklich. Ich mag keine scharfen Speisen."

Dicke Suppe

Ein Gast in einem Novotel in Australien beschwerte sich, seine Suppe sei so dickflüssig gewesen, dass er sie lautstark schlürfen musste.

Ablenkung am Strand

„Das Oben-Ohne-Sonnenbaden sollte verboten werden. Mein Urlaub war ruiniert, denn mein Mann starrte dauernd anderen Frauen hinterher."

Badehose im Wasserpark

„Wir haben einen Ausflug in einen Wasserpark gebucht. Aber niemand hat uns gesagt, dass wir Badeklamotten und Handtücher hätten mitbringen sollen."

Wie ein Fisch im Wasser

„Niemand erzählte uns, dass dort im Meer Fische sind. Die Kinder haben sich sehr erschrocken."

Per Umweg nach Hause?

„Wir brauchten neun Stunden von Jamaika nach England. Die Amerikaner werden in nur drei Stunden nach Hause gebracht."

Strand weiß oder gelb?

„Der Sand war nicht wie im Katalog beschrieben. Dort stand, der Sand sei gelb, er war allerdings weiß."

Der Hitze ausgeliefert

„Wir mussten draußen in einer Menschenmenge anstehen – ohne Klimaanlage!"

Sandiger Strand

„Der Strand war viel zu sandig."

Warnung vor der Reise

„Die Reiseleitung muss uns vor der Reise vor lauten oder unangenehmen Reisenden warnen."

Drei größer als eins?

„Ich habe unser Ein-Bett-Zimmer mit dem Drei-Bett-Zimmer unserer Freunde verglichen und musste feststellen, dass unser Zimmer erheblich kleiner war."

Fake am Strand

„Wir haben am Strand eine Ray-Ban Sonnenbrille für fünf Euro gekauft und mussten dann feststellen, dass sie gefälscht war."

Bitte nicht stören

Eine Hotelbesucherin wollte die Polizei rufen, da sie dachte, die Hotelangestellten hätten sie eingesperrt. Sie missverstand jedoch nur das „Bitte nicht stören"-Schild, das innen an der Tür hing.

Im Juli zu heiß

„Im Juli ist es hier in Ägypten viel zu heiß."

Moschee zu laut

„Dieses ständige laute Gejammer aus der Moschee von dort drüben ist unerträglich."

Schwanger durch Hotel-Pool

„Meine Tochter ist durch im Hotel-Pool schwimmende Spermien schwanger geworden."